Antoine et Cléopâtre

"QUE CEUX QUI NE SAVENT PAS APPRENNENT ET QUE LES AUTRES AIMENT A SE RESSOUVENIR"

Retrouvez Alcibiade Didascaux sur http://www.athena-editions.com

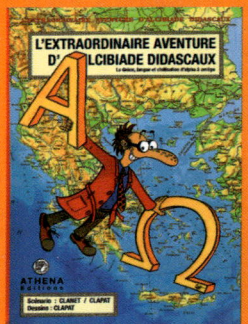

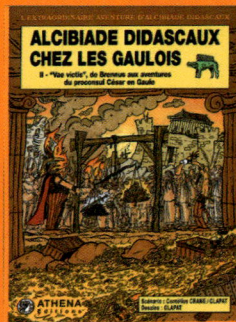
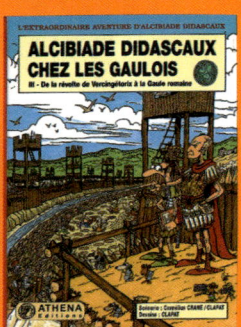
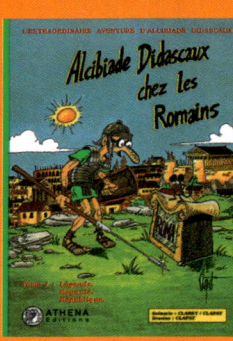

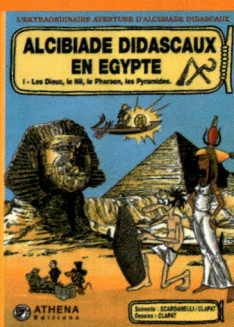
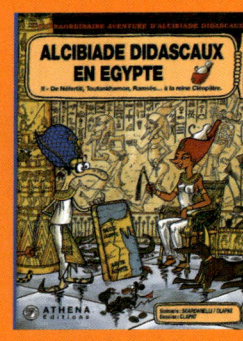
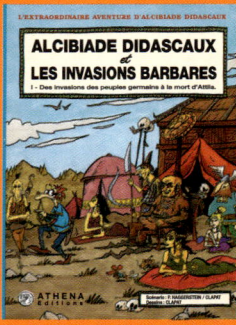
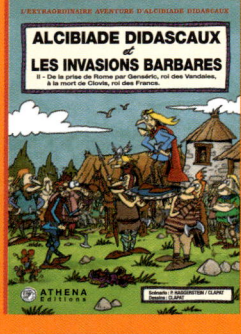
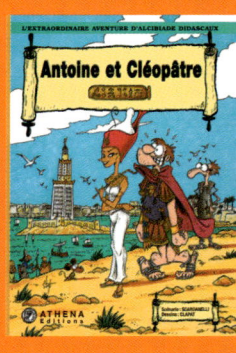

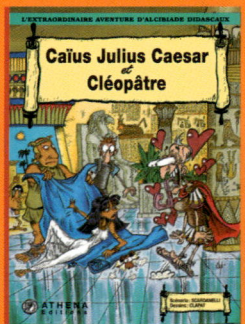
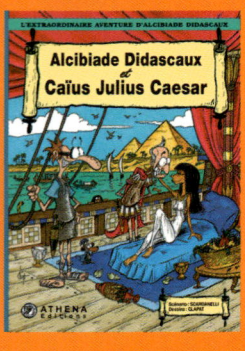

QUI SONT-ILS ?

En fait, les véritables héros de toutes ces aventures didactiques, ce sont toi et moi, cher lecteur, alors ne prête pas trop attention à Alcibiade qui parle toujours de "SES aventures"...

MUSCULUS

Echapper à Agénor et à sa fameuse manie de l'expédier dans le temps, c'est impossible ! Mais notre professeur de lettres classiques rêve de communiquer à tous ses lecteurs sa passion pour l'histoire !

Notre professeur de physique n'a qu'un rêve : faire voyager tout le monde dans le temps grâce à sa terrible machine qu'il finira bien par mettre au point.

ALCIBIADE DIDASCAUX

Bandes de figues sèches ! Vos têtes finiront un jour sur nos piques !

AGÉNOR

LE NEUROCYTO-ÉLECTROTÉLÉDIACHRON

Fameuse machine à voyager dans le temps, oubliée dans la cave d'Agénor par un voyageur du futur qui voyageait dans le passé...

CATURIX, LE ROI DU COMBAT

ATHENA Editions - 31130 BALMA
Tél. : 05 61 24 60 45 - Télécopie : 05 61 24 66 55

Retrouvez Alcibiade Didascaux sur http://www.athena-editions.com

Cet ouvrage est publié avec le concours de la région Midi-Pyrénées

Copyright © 2008, ATHENA Editions
Droits de traduction et de reproduction réservés pour tous pays. Toute reproduction, même partielle, de cet ouvrage est interdite. Une copie ou reproduction par quelque procédé que ce soit, photographie, microfilm, bande magnétique, disque ou autre, constitue une contrefaçon passible des peines prévues par la loi du 11 mars 1957 sur la protection des droits d'auteur.

ISBN 2-913314-04-X   9782913314047

Cher lecteur,

Sache que tous ces personnages que nous traitons avec beaucoup d'humour, nous les aimons et nous les respectons. Derrière l'humour, la fidélité historique est toujours là, bien plus précise que ne l'imagine souvent le lecteur. La vie de ces héros, dans ce qu'elle a de grandiose ou de pitoyable, est un enseignement pour celui qui sait méditer leurs destinées. Nous te souhaitons de lire un jour leurs vies dans les écrits des grands auteurs de l'Antiquité. Comme l'a écrit Polybe, le grand historien grec de l'Histoire Romaine : « Il est nécessaire de recommander à tout le monde l'étude et la pratique des ouvrages d'histoire, parce qu'il n'y a pas de leçon qui soit plus accessible aux hommes que la connaissance des évènements du passé. »

« Penser constamment à ceci : comment toutes sortes d'évènements, semblables à ceux qui se produisent maintenant, se sont produits identiques dans le passé, et penser qu'ils se reproduiront.
Des drames entiers, des scènes semblables, que tu connais par ton expérience personnelle ou par l'histoire ancienne, les placer sous tes yeux : par exemple toute la cour d'Hadrien, toute la cour d'Antonin, et toute la cour de Philippe, d'Alexandre, de Crésus. Car tout cela se ressemblait, mais c'étaient d'autres acteurs. »

Marc Aurèle, Pensées pour moi-même, X,27.

Qui sont les acteurs

Marc Antoine (-86 / -30)

Antoine a joué dans le parti de César un rôle croissant qu'il doit à ses grandes qualités de soldat. L'un des meilleurs lieutenants de César pendant la Guerre des Gaules, Antoine a joué un rôle déterminant lors de la bataille d'Alésia en empêchant la jonction des assiégés avec l'armée de secours. A la terrible bataille de Pharsale, Antoine commandait l'aile gauche. Par la suite, Antoine a peut-être contribué involontairement à l'assassinat de César en plaçant en public sur sa tête un diadème royal. Il est aux yeux des soldats le véritable vainqueur de la bataille de Philippes, où il a écrasé les Républicains Brutus et Cassius. Il est devenu le vengeur de César, mais Antoine est plus un militaire qu'un politique. Lorsqu'il rencontre Cléopâtre, Antoine est alors dans la quarantaine. C'est un colosse au corps de gladiateur. C'est un homme  qui plaît aux femmes. Nous avons peu de portraits de lui, car après la bataille d'Actium, Octavien en a ordonné la destruction. Ses qualités : un dynamisme que rien ne semble pouvoir arrêter, une puissance et une résistance physique aux excès exceptionnelles, une indifférence totale aux contingences morales et matérielles. Ses défauts, complaisance à l'égard de soi-même et manque de suivi dans la volonté… De bons lieutenants accompagnent Antoine, mais aussi des compagnons de jeux, de beuverie, qui forment sa cour et profitent de son indulgence…

Cléopâtre (-69 / -30)

Cléopâtre a alors vingt-neuf ans, elle passe pour être « la plus belle des femmes ». Le hasard archéologique ne nous a pas laissé une seule statue en pied de Cléopâtre. Cléopâtre s'exprime indifféremment en grec, en latin ou en égyptien. Son arme première est la séduction !

Césarion, Ptolémée XVI, Roi d'Egypte (-47 / -30)

Pour Plutarque et pour Cicéron, Césarion est le fils légitime de César, sans aucune contestation possible. Cléopâtre l'a porté dans son sein durant le voyage d'Assouan et il est né à Alexandrie au début de juillet -47, au moment où César est parti pour Antioche. Pour d'autres, Césarion serait né après la mort de César et n'aurait pas été conçu à Alexandrie, mais à Rome, à une époque où César n'était pas dans la capitale, puisqu'il était occupé à faire la guerre en Espagne. Le père de Césarion serait Antoine qui aurait profité de l'absence de César pour faire la cour à la Reine d'Egypte. Deux questions restent cependant sans réponse : si Césarion était le fils de César, comment se fait-il que César ait dans son testament adopté Octave ? Et si Césarion était le fils d'Antoine, comment se fait-il qu'Antoine ne l'ait jamais reconnu comme tel ? Fils de César et de Cléopâtre, héritier des Ptolémées sous le nom de Ptolémée XVI, Césarion obtint en -42 le titre de Roi d'Egypte. Il sera assassiné sur l'ordre d'Octave.

Octavie (née en –70)

Nièce de César et sœur d'Octave, elle épousera Antoine en signe de réconciliation entre les deux belligérants. Délaissée par Antoine au profit de Cléopâtre, puis définitivement abandonnée avant d'être répudiée, cette épouse vertueuse élèvera le fils d'Antoine et de sa première femme Fulvie.

Sextus Pompée

Deuxième fils de Pompée, après la mort de son père et de son frère aîné, il tente de poursuivre sans succès la lutte contre César. Il revient à Rome et obtient le proconsulat des mers. Visé dans les proscriptions, il s'empare d'abord de la Sicile, puis paralyse tout le commerce méditerranéen. Il contraint alors Octave et Antoine à lui confirmer la possession des îles avec le titre de consul. Défait par Octave à la suite d'une trahison.

Lépide (meurt en –13)

César l'avait associé à son consulat pour l'année -46. Après la mort de César, il forme avec Octave et Antoine le deuxième triumvirat en -48. Il obtient en partie l'Espagne et la Gaule. Le second partage (Brindes -40 ne lui accorde que l'Afrique). Favorable à Sextus Pompée dans sa lutte contre Octave, il est dépouillé par celui-ci de son autorité mais conserve la dignité de Grand Pontife à condition d'aller se faire oublier…

de cette histoire ?

Octavius (-63 à 14 ap. J.-C.)

Le nom de César lui viendra par adoption, il prendra après 27 le nom d'Auguste. Neveu de César dont il devient le fils adoptif lorsqu'on découvre avec stupéfaction le testament de César. Octavien aurait participé avec César aux dernières campagnes de la guerre d'Espagne, Munda. Lors des *Ides de Mars*, assassinat de César, Octave avait seulement dix-huit ans - dix-neuf ans. Octave, qui était l'allié d'Antoine à la bataille de Philippes contre les Républicains, va mener contre Antoine une lutte à mort de dix années pour obtenir le pouvoir suprême. Il éliminera tour à tour Sextus Pompée, Lépide, avant de s'affronter à Antoine et Cléopâtre. Octave n'a ni résistance physique, ni courage, ni rayonnement sur l'armée. Souffrant d'hypothermie, il vit emmitouflé dans des lainages d'une propreté douteuse, son teint blafard, ses paupières enflammées par une blépharite chronique et son visage couvert de boutons lui donnent un aspect malsain. Son caractère est sournois et dissimulé. Un léger bégaiement lui interdit toute éloquence. Il semble être l'exact contraire d'Antoine.

Quelques expressions favorites d'Octave : « Je me porte vaporeusement » « Je languis » « En moins de temps qu'il n'en faut pour cuire des asperges » « Ils paieront aux calendes grecques » « Un chef prudent vaut mieux qu'un chef audacieux » « On fait assez vite, quand on fait bien. »

Agrippa

Général favori d'Octave, c'est le bras armé d'Octave, « Celui » à qui le jeune Octave doit toutes ses victoires et notamment celle d'Actium. D'une fidélité exemplaire, il conseillera en vain à Auguste d'abdiquer l'Empire et de rétablir la République. Il épousera Julie, la fille d'Octave et sera désigné comme co-empereur pour succéder à Auguste. Mais, Agrippa mourut avant l'empereur en 12 av. J.-C. Agrippa est le grand-père de Caligula et d'Agrippine, la mère de Néron.

Mécène

Mécène et son cercle de poètes. Agrippa accusait ces poètes de pratiquer un mode d'écriture à double niveau.

Virgile (-70 / -19)

C'est l'auteur des *Géorgiques*, des *Bucoliques*, et de l'*Enéide*. Triste destin que celui du poète Virgile qui devra son salut et sa gloire à Auguste, mais lui devrait aussi sa mort. L'empereur se glorifia ensuite d'avoir arraché l'*Enéide* des mains sacrilèges de son auteur qui voulait brûler son œuvre.

Fortuna

La déesse Fortuna est la personnification de l'influence capricieuse et mobile, quelquefois funeste, le plus souvent favorable, qui se manifeste dans la vie des individus et des nations et qui, sans apparence de règle, soit logique, soit morale, dispense le succès ou inflige le revers. Elle se distingue du *Fatum* en ce que celui-ci est l'expression d'une loi devant qui s'incline la raison sans se l'expliquer toujours. Cette déesse s'identifie avec la Tychè grecque. Tychè-Fortuna représente surtout les dérogations à cette loi, l'imprévu plein d'incohérences et même d'injustice des existences humaines. On la représentait avec la corne d'abondance, avec un gouvernail, tantôt assise, tantôt debout, le plus souvent aveugle. La déesse Fortuna aura sa place parmi les divinités du Forum d'Auguste.

Généalogie de Cléopâtre

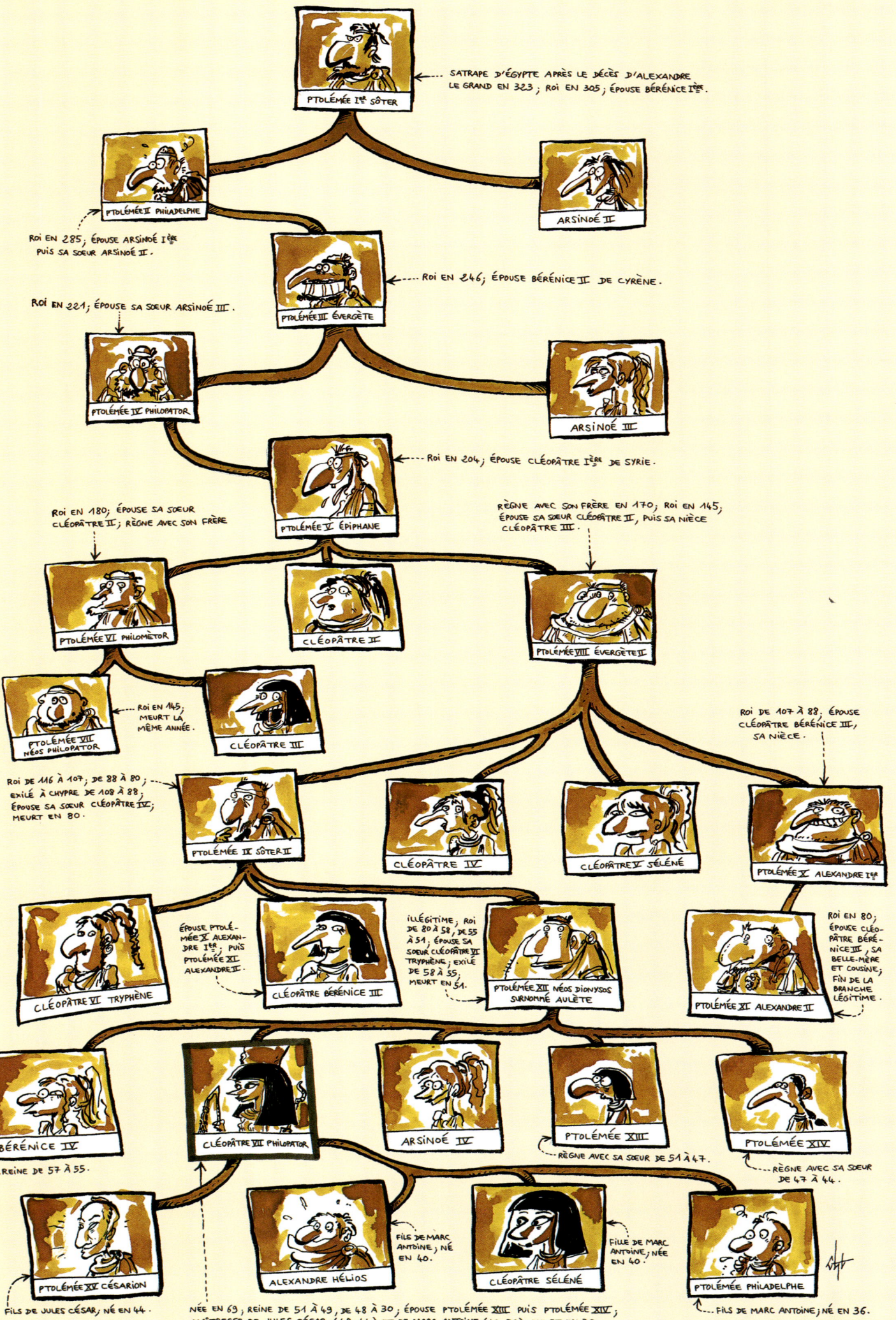

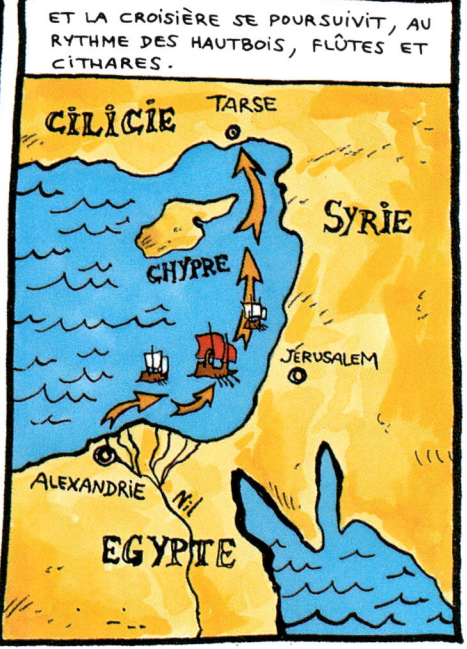

 « OÙ L'ON ASSISTE AUX VACANCES EN ÉGYPTE D'ANTOINE ET À CE QUE L'ON APPELÂT LA "VIE INIMITABLE". »

HIVER -41/-40 — RÉPONDANT À L'INVITATION DE CLÉOPÂTRE, ANTOINE EST ARRIVÉ EN ÉGYPTE COMME UN SIMPLE PARTICULIER INVITÉ PAR LA REINE.

LE TRIUMVIR A CONFIÉ LA GARDE DES FRONTIÈRES ET DE SES LÉGIONS À SES LIEUTENANTS. LE VAINQUEUR DE PHILIPPES A DÉCIDÉ DE S'OCTROYER UN REPOS BIEN MÉRITÉ.

SELON SES DÉTRACTEURS, ARRIVÉ À ALEXANDRIE, ANTOINE NE SERA PLUS LE MÊME HOMME.

NORMAL, JE SUIS EN VACANCES. JE DÉCOMPRESSE.

EST-CE L'AMOUR QUI L'A TRANSFORMÉ ???

ET ALORS ? JE SUIS UNE BÊTE DE GUERRE, MAIS ÉGALEMENT UNE BÊTE D'AMOUR…

QUE DES JALOUX !

QU'EST-CE QU'ON NE VA PAS ENCORE ÉCRIRE SUR MOI ?…

EST-CE LE REPOS DU GUERRIER ?

LA PROPAGANDE D'OCTAVE VA REPRENDRE L'ARGUMENTATION DE CICÉRON DANS SES "PHILIPPIQUES" ET FAIRE D'ANTOINE UN ÊTRE SENSUEL ET DÉBAUCHÉ…

SI VOUS SAVIEZ CE QU'EST LA GUERRE ET LES CONTRAINTES D'INTERMINABLES CAMPAGNES MILITAIRES, VOUS SAURIEZ QU'ELLE DÉCUPLE L'ENVIE DE VIVRE…

EST-CE LA MAGIE DE L'ORIENT ???

C'EST VRAI, J'AIME BIEN LE STYLE DE VIE ALEXANDRIN. ILS SONT RAFFINÉS CES GRECS… ET MOI JE SAIS VIVRE. ALORS, QUOI DE PLUS DOUX QUE L'HIVER ÉGYPTIEN DANS LES BRAS DE CLÉOPÂTRE ?

C'EST APHRODISIAQUE ! JE FAIS DES JALOUX, C'EST SÛR !

EST-CE L'INFLUENCE DE CLÉOPÂTRE ?

PUISQU'ON VOUS DIT QUE MON HISTOIRE D'AMOUR EST UN HYMEN CÉLESTE ENTRE APHRODITE-ISIS ET DIONYSOS-OSIRIS ! FAUT SUIVRE UN PEU ! SINON VOUS NE COMPRENDREZ RIEN À MON HISTOIRE.

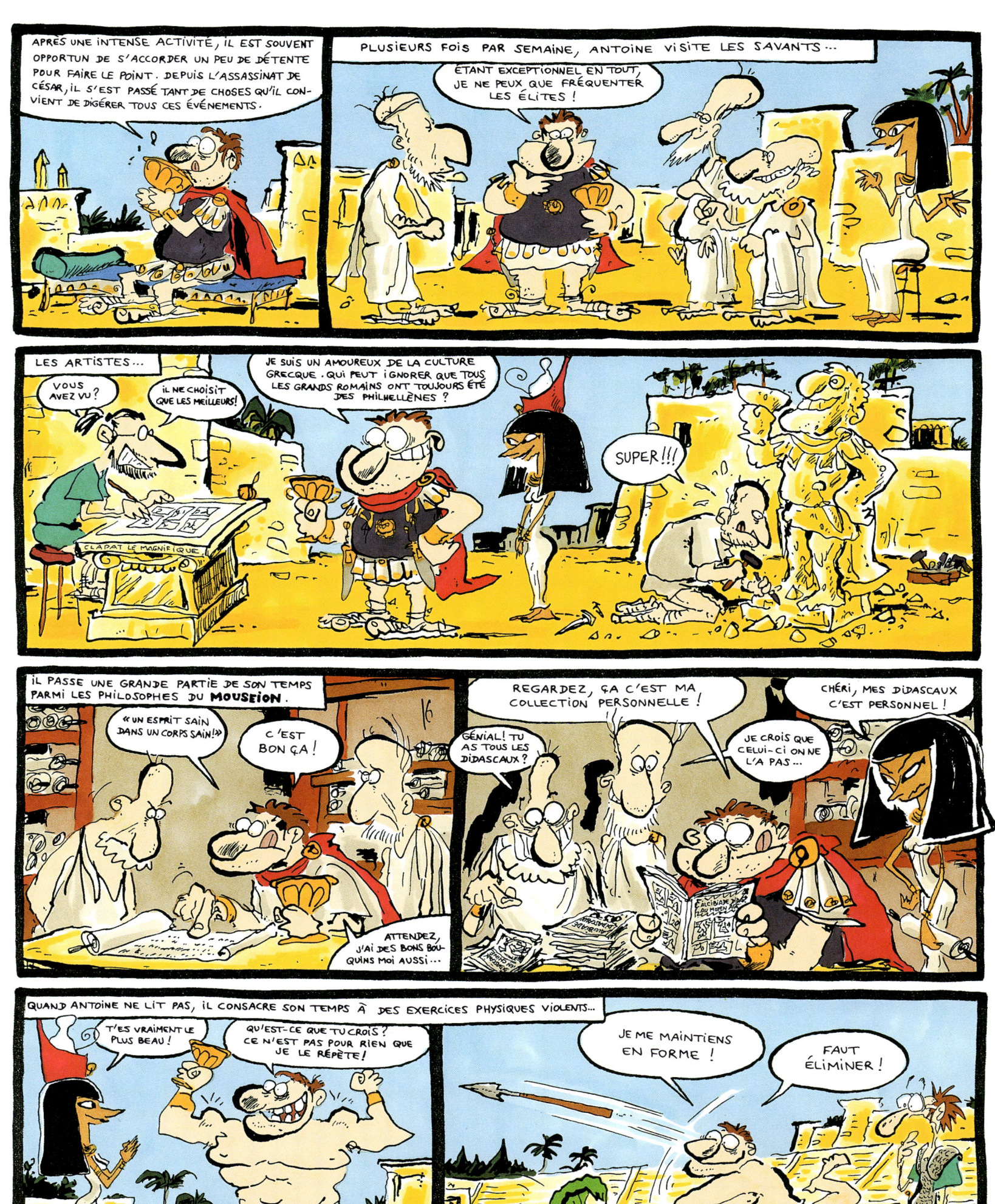

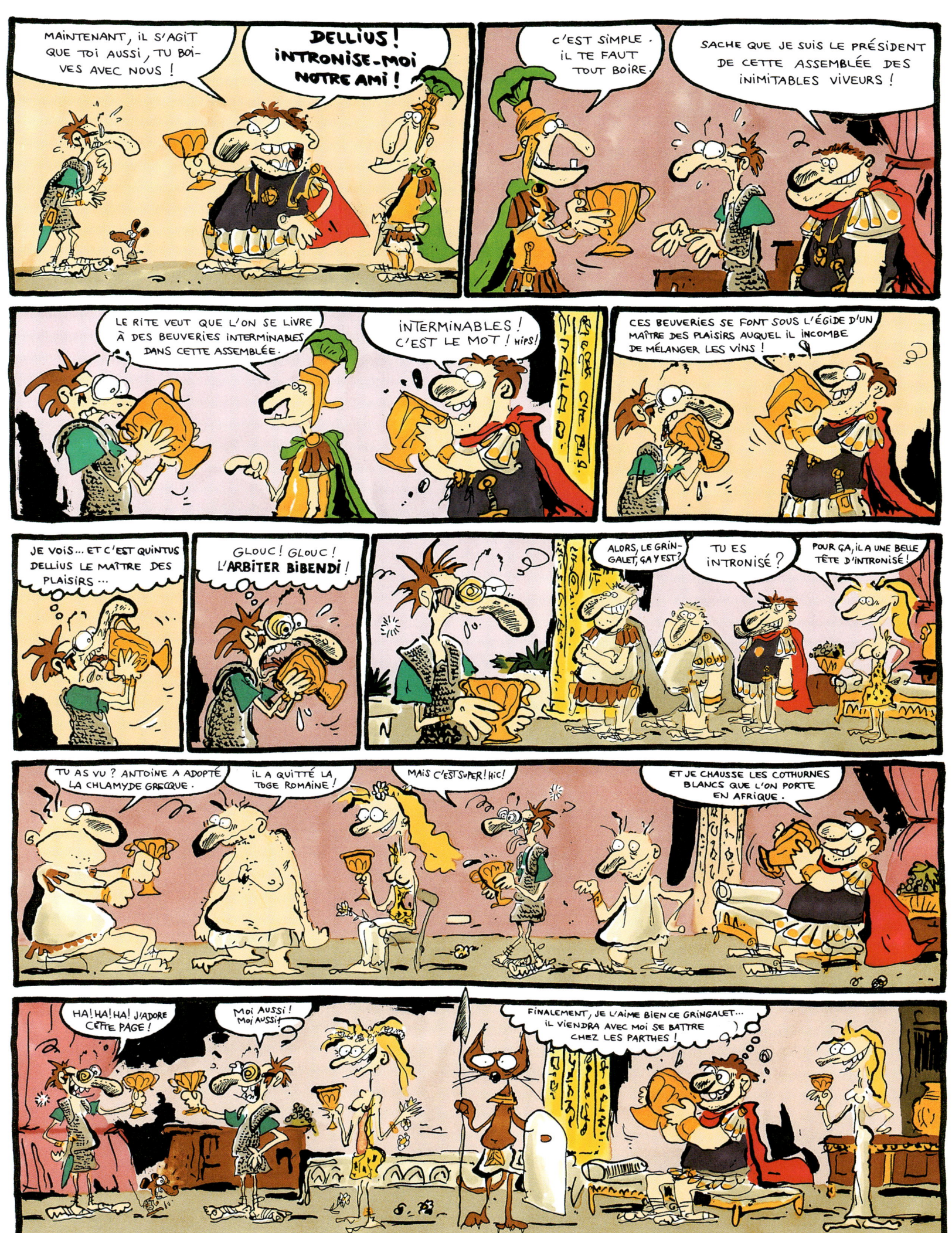

 « Où l'on voit que la situation à Rome est à nouveau des plus confuses et où nous assistons finalement à un nouveau partage du monde avec les accords de Brindes. »

-41/-40
— Que s'est-il donc passé à Rome en l'absence prolongée d'Antoine ?
— Ça fait longtemps que je n'ai pas vu Octave... Je me demande comment il se porte...
— Octave ? Mais tu sais bien ! Il est toujours malade celui-là ! En plus, il ne fait que se plaindre !

Le bruit avait d'abord couru qu'Octave était mort des suites de sa maladie...
— Non, non. Je suis toujours là. Je sens que je vais mieux...

Il faut dire que la situation à Rome avait de quoi inquiéter...
— Il paraît qu'Antoine me traite d'avorton présomptueux ?
— Ce ne sont que des bruits, maître.
— Prenez vos vitamines, vous vous sentirez beaucoup mieux.

Sextus Pompée menaçait gravement l'approvisionnement de Rome en interceptant les cargos de céréales...
— Du moment que mes médicaments me parviennent en temps voulu, je ne vois pas pourquoi il faudrait m'inquiéter !

Les vétérans demandaient les terres qu'on leur avait promises...
— Je vous rappelle que je sors de maladie...
— Il ne faut pas trop me brusquer...
— Je me sens encore un peu faible...
— Je veux mes terres !
— Moi aussi !
— On nous avait promis !
— Moi
— Moi
— Grrrrrr !

Et Octave les leur octroya...
— Quand on sait que le fondement de la plupart des maladies est psychosomatique, je sens que je ne vais pas tarder à rechuter !
— En plus, je sens que je vais me faire un petit ulcère...
— Et moi ?

En distribuant aux uns ce qu'il prenait aux autres...
— Tu vois, Alcibiade, comment pourrais-je me porter bien ?
— Juste quand je vais mieux ils tentent de me provoquer un ulcère !

V « Où l'on voit qu'Octave ne peut décidément se passer d'Antoine et où l'on voit que la personnalité d'Octave se dévoile peu à peu. »

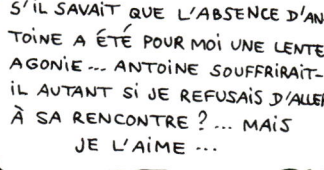

34 * « C'est notre caractère qui modèle pour chacun de nous notre sort. »
Cornélius Népos - Vie d'Atticus - III / Montaigne - I·I

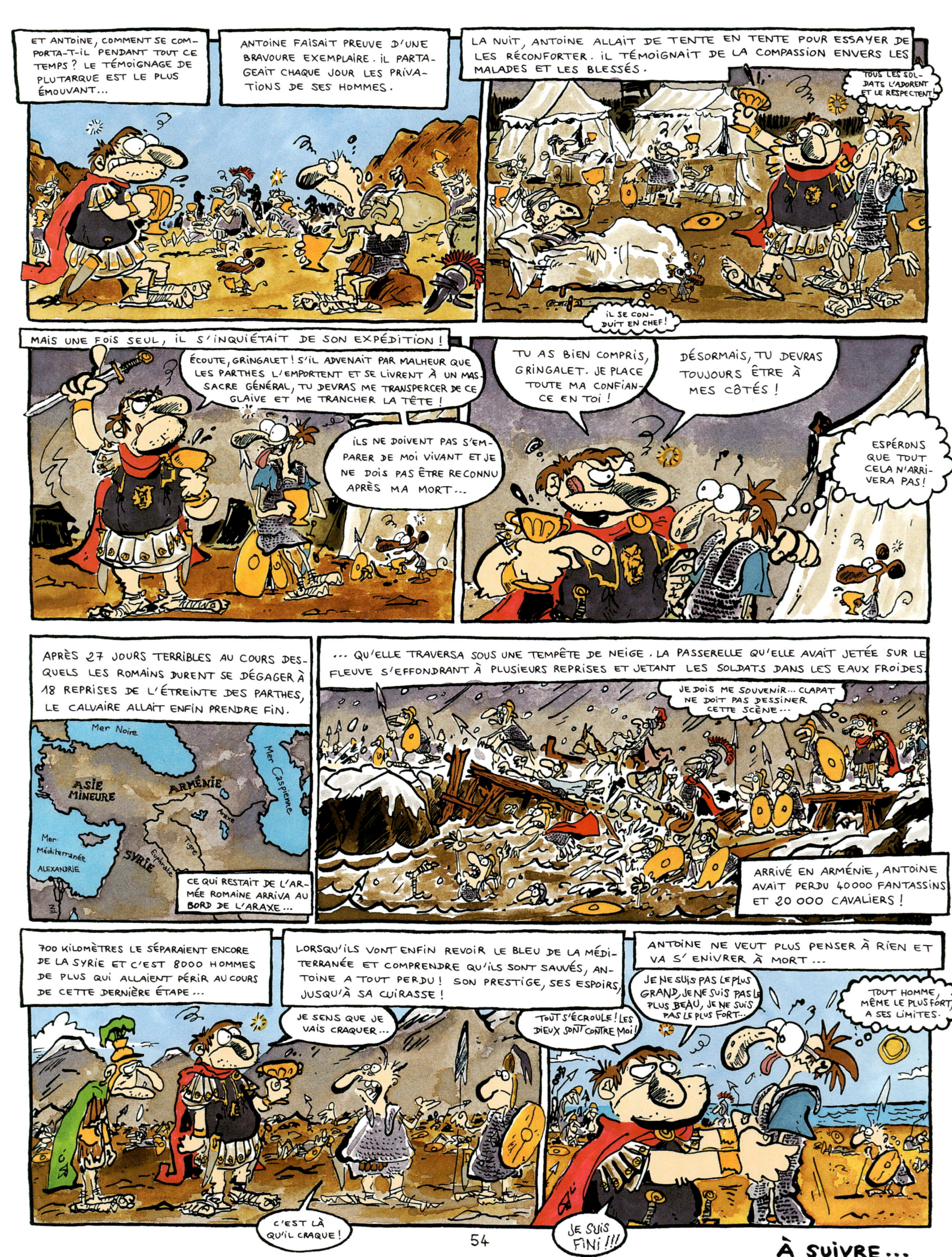

QUESTIONS QUE L'ON SE POSE ?

Un **triumvir**, c'était quoi ? On donna ce nom à des personnages politiques qui s'associèrent par trois pour dominer. Les deux célèbres **triumvirats** furent ceux de **Pompée, César et Crassus** en 59 av. J.-C. ; puis **d'Octave, Antoine et Lépide** en 42 av. J.-C.

Que signifiait le terme *Imperator* ? Le titre *d'Imperator* était donné par les soldats acclamant leur chef victorieux. Ce titre pouvait être décerné plusieurs fois. Ce terme « *Imperator* » évoque à la fois le pouvoir militaire, le droit religieux et sacrificiel du général, et le succès des armes, marque de la faveur divine. Un *Imperator* pouvait donner des rois à des peuples barbares dont il était le vainqueur. César se fit décerner par le Sénat une distinction particulière : le droit de placer avant son nom le titre d'*Imperator*, que l'usage mettait après.

Qu'est-ce que la **Décimation** ? Même si elle était rarement appliquée, la décimation n'en existait pas moins. Quand une unité avait failli collectivement, un homme sur dix était tiré au sort et exécuté sur-le-champ. C'était une cérémonie terrible. Elle s'opérait devant l'ensemble des hommes en armes. Une fois connu le nom des victimes, le silence se fait. Les soldats commencent alors à frapper leurs boucliers avec leurs glaives, sur une cadence lente, un à un les condamnés sont dénudés, frappés de verges sur tout le corps puis allongés sur le sol et décapités à la hache. Les cadavres sont ensuite traînés au croc hors du camp. Ceux qui ont échappé au sort sont soumis quelque temps à des peines et des corvées humiliantes.

Qu'appelait-on le **Pomoerium** ? On appelait ainsi le territoire sacré entourant la ville de Rome, où les généraux romains ne pouvaient pénétrer avec leurs troupes que sur l'invitation expresse du Sénat. Rome était une ville démilitarisée.

Qu'est-ce qu'un **Questeur** ? Parmi les degrés successifs de la magistrature, le *Cursus Honorum* figuraient, la **Censure**, l'**Edilité**, la **Questure**, la **Préture** et le **Consulat**. Le **Questeur** était le magistrat romain chargé de recueillir les revenus publics et de faire les paiements. Pour tout savoir sur ce sujet, se rendre sur le site : www.remacle.org/ à Institutions latines.

Le collège des Fétiaux à Rome ? Le collège des Fétiaux était chez les Romains un ensemble de magistrats (20), revêtus d'un caractère religieux, chargés de représenter le peuple dans tous les actes de sa vie publique internationale. Le droit fétial garantissait les traités de paix et leur donnait un caractère sacré. Il permettait également d'établir si une guerre était contraire à la justice et à la religion ou si c'était une guerre juste !

Chronologie de la fin de la Rép

Les dates ci-dessous sont toutes av. J.-C. Les événements du jour où César franchît le Rubicon jusqu'à la bataille de Philippes sont relatés plus précisément dans le tableau synoptique des deux volumes consacrés à « Caïus Julius Caesar et Cléopâtre » et « Alcibiade Didascaux et Caïus Julius Caesar »

-83? → Naissance d'Antoine. Après la bataille d'Actium, le 14 janvier, sa date de naissance, sera déclaré néfaste dans le calendrier romain.

-80 -51 → Règne de Ptolémée Aulète « le joueur de hautbois » en Egypte.

-72 -71 → Mort du père d'Antoine. Antoine, qui aura peu connu son père, épouse sa cousine germaine Antonia.

-69 → Naissance de Cléopâtre.

-64 → La Syrie est réduite en province romaine.

-63 → Naissance d'Octavien. Conjuration de Catilina.

-58 → Premier séjour d'Antoine en Grèce.

-57 → Antoine en Syrie. Il fait ses premières armes à Jérusalem.

-55 → Gabinius et Antoine rétablissent Ptolémée sur le trône d'Egypte.

-54 → Antoine rejoint César comme légat en Gaule.

-53 → Désastre de Crassus à la bataille de Carrhae contre les Parthes.

-52 → Antoine se distingue à Alésia par son sang-froid et son esprit d'initiative. Alors que l'armée romaine se bat depuis quatre jours sur deux fronts : les sorties des assiégés et les charges de l'armée de secours, lors d'une attaque, toute une nuit, Antoine achemine des renforts sur un point que l'ennemi menaçait d'enfoncer, jusqu'à ce qu'à l'aube, les Gaulois finissent par se replier.

-51 → Ptolémée XIII et Cléopâtre VII deviennent rois. Antoine questeur. Antoine obtient la reddition de Commios l'Atrébate, le chef gaulois qui avait commandé l'armée de secours venue secourir Alésia, et qui poursuivait encore le combat contre les Romains.

-50 → Antoine dans le collège des augures

-49 → Antoine, tribun de la plèbe, dirige l'Italie en l'absence de César. Début de la guerre civile entre César et Pompée.

-48 → Antoine commande l'aile gauche césarienne à la bataille de Pharsale. Cléopâtre est détrônée par Ptolémée XIII. Ptolémée XIII assassine Pompée. César restaure Cléopâtre, avec Ptolémée XIV sur le trône d'Egypte. Cléopâtre devient la maîtresse de César. -48 / -47 Antoine est le maître de cavalerie de César.

-47 → Naissance de Césarion.

-47/-46 → Antoine divorce d'avec Antonia et épouse Fulvie.

-46 → Cléopâtre vient à Rome.

-45 → César adopte secrètement Octave. Fin de la guerre civile.

-44 → Antoine est consul. Les *Ides de Mars*. Le 15 Mars : assassinat de César. Cléopâtre quitte précipitamment Rome. Césarion est co-régent avec Cléopâtre.

-43 → Défaite d'Antoine à Modène. Août : Octavien est le maître de Rome. Il se fait octroyer le consulat. En novembre : Constitution du second triumvirat – Deuxième proscription – mort de Cicéron.

Les dates ci-dessous concernent précisément les événements racontés dans les deux albums « Antoine et Cléopâtre » et « Auguste et la fondation de l'Empire ».

-42 → **Le 1 janvier César est officiellement divinisé.**

Le 23 Octobre : Antoine et Octave défont les Républicains Cassius et Brutus sur la via Egnatia, près de Philippes en Macédoine. Nouveau partage des provinces entre les triumvirs. A Bologne, les triumvirs avaient esquissé un partage de l'Occident : Lépide aurait la Narbonnaise et l'Espagne, Octave l'Afrique et la Sicile, Antoine la Gaule et la Cisalpine. Il est décidé que la Cisalpine et l'Italie n'appartiendront à personne ; il fallait en effet que tous eussent droit égal d'y puiser des légionnaires. Octave ajoute à sa part l'Espagne, Antoine la Narbonnaise ; Lépide doit se contenter de l'Afrique.

Sextus Pompée, le deuxième fils de Pompée, est devenu le maître de la mer.

Octave est retourné en Italie pour s'occuper de caser les vétérans et Antoine part chercher de l'argent en Orient. A Ephèse, il exige de l'Asie le décuple du tribut.

-41 → A Rome, intrigues de Fulvie, l'épouse d'Antoine, et de L. Antonius, son frère. Début de la guerre de Pérouse entre les vétérans d'Octave et les vétérans d'Antoine.
Cléopâtre se rend à Tarse pour se justifier d'avoir aidé les pompéiens. Fameuse rencontre de Tarse entre Antoine et Cléopâtre.

Hiver -41 / -40 : « La Vie Inimitable » en Egypte.

-40 → Dans leur désespoir, des pompéiens survivants ont intrigué avec les Parthes. Invasion de la Syrie par les Parthes. Le Roi Orode a envoyé deux armées ; l'une commandée par le fils de Labiénus a pris Antioche et a envahi l'Asie Mineure. L'autre commandée par le fils du roi, prend la Phénicie et Jérusalem.

Fin du siège de Pérouse et victoire d'Octave, qui occupe ensuite la Gaule qui avait pourtant été réservée à Antoine. Dernière rencontre d'Antoine et de Fulvie à Athènes. Octobre : Paix de Brindes, conclue grâce à la médiation de Mécène et d'Asinius Pollion. Nouveau partage de l'empire : **l'Occident à Octave ; l'Orient à Antoine.**

L'Italie reste neutre.
Lépide garde l'Afrique.
Antoine épouse Octavie, sœur d'Octave, pour sceller cet accord. Il passe l'hiver 40-39 à Rome avec elle.
Mariage d'Octave et de Scribonia.
Sextus Pompée devient le maître de la Sicile et de la Sardaigne. Fin -40 / début -39 : naissance des jumeaux d'Antoine et de Cléopâtre : Alexandre Hélios et Cléopâtre Séléné.

-39 → Accords de Misène entre les triumvirs et Sextus Pompée. Pour mettre fin aux pirateries de Sextus Pompée, on lui donne la Sicile, la Corse, la Sardaigne et l'Achaïe.
Naissance de la première fille d'Antoine et d'Octavie.

...blique à la fondation de l'Empire

Victoire de Vintidius Bassus, lieutenant d'Antoine, sur les Parthes. Naissance de Julie, fille d'Octave.
Antoine et Octavie passent l'hiver -39 / -38 à Athènes.

-38 ➜ En janvier mariage d'Octave et de Livie.
Au printemps rencontre manquée d'Antoine et d'Octave à Brindes. Octave n'a pas respecté ses accords avec Sextus Pompée et a recommencé la guerre sur mer. Sextus Pompée bat sévèrement Octave dans les eaux de Messine. Seconde victoire de l'excellent général d'Antoine, Vintidius Bassus, sur les Parthes. Il délivre l'Asie et la Syrie. Une armée réinstalle à Jérusalem Hérode, un arabe Iduméen, à qui Rome a accordé le titre de Roi. Hérode le grand va régner sur les juifs. Antoine et Octavie passent l'hiver -38 / -37 à Athènes.

-37 ➜ Au printemps : accords de Tarente : renouvellement du triumvirat pour cinq ans. Antoine prête sa flotte à Octavien pour lutter contre Sextus Pompée. Octavie rentre à Rome. Antoine ne la reverra plus. Retrouvailles d'Antoine et de Cléopâtre à Antioche. Pacte d'Antioche. C'est sans doute à ce moment qu'Antoine a sans doute reconnu Césarion comme Roi d'Egypte.
Réorganisation de l'Orient par Antoine. Nouveau comput de datation du règne de Cléopâtre.

-36 ➜ Agrippa bat Sextus Pompée à Myles et à Nauloque. Lépide est dépossédé de l'Afrique et de son titre de triumvir. Il garde juste son titre de Grand Pontife, à condition d'aller se faire oublier. Au printemps, Cléopâtre accompagne l'expédition d'Antoine contre les Parthes jusqu'à l'Euphrate. Antoine est à la tête de la plus grande expédition que Rome ait jamais dirigée contre les Parthes. Utilisant probablement les plans de César, il se dirige de Métilène par l'Arménie vers l'Atropène ; mais il a commencé sa campagne trop tard, et, privé de son artillerie, échoue au siège de Phraaspa. Echec de l'expédition d'Antoine contre les Parthes et retraite désastreuse. Conduite héroïque d'Antoine avec ses hommes, digne de l'expédition des « Dix Mille » de Xénophon.
Naissance de Ptolémée Philadelphe, le troisième enfant d'Antoine et de Cléopâtre.

-35 ➜ En janvier Cléopâtre retrouve Antoine à Beyrouth, le réconforte et ils rentrent ensemble à Alexandrie.
Début de la campagne d'Octave en Illyrie et en Dalmatie. Sextus Pompée est tué en Asie. Octave a refusé à Antoine les nouvelles recrues qu'il réclamait d'Italie et de Gaule.
Antoine interdit à Octavie de le rejoindre en Syrie, où il se trouve avec Cléopâtre.
Hiver -35 / -34 : Antoine et Cléopâtre sont ensemble à Alexandrie.

-34 ➜ Antoine se démet de son consulat.
Victoires d'Octave en Illyrie et en Dalmatie.
Victoire d'Antoine en Arménie, suivie de son « triomphe » à Alexandrie. Antoine épouse Cléopâtre ? Nouvelle organisation de l'Orient par Antoine. Hiver -34 / -33 : Antoine et Cléopâtre sont ensemble à Alexandrie.

-33 ➜ Octavien consul. Rupture entre Octavien et Antoine. Edilité d'Agrippa. Vipsanius Agrippa, un sénateur d'obscure origine, qui n'a pas quitté Octave depuis Apollinie s'avère un sage conseiller. Le chevalier Mécène et Livie qu'il a épousé en -38 font partie de son proche entourage.
Au printemps alliance d'Antoine avec la Médie.
Printemps-automne : campagne d'Antoine en Arménie.
Hiver -33 / -32 : Antoine et Cléopâtre sont ensemble à Ephèse.

-32 ➜ Le 1 janvier 32 les pouvoirs des triumvirs expirent : les deux consuls de l'année, partisans d'Antoine, essaient d'utiliser cette circonstance pour affaiblir Octave. Ce dernier les chasse de Rome ; ils rejoignent tous deux Antoine.
Antoine envoi d'Athènes une lettre de répudiation à Octavie. Octave fait ouvrir le testament d'Antoine déposé chez les Vestales : on y apprend qu'Antoine regarde Césarion comme le seul héritier de César et qu'il veut être enterré à Alexandrie. L'Italie déclare la guerre à Cléopâtre. Octave fait prêter serment de fidélité à l'Italie. Les provinces d'Occident prêtent aussi ce serment. Hiver -32 / -31 : Antoine et Cléopâtre sont ensemble en Grèce.

-31 ➜ Octavien à nouveau consul : il le restera maintenant sans interruption jusqu'en -23.

Antoine a eu l'imprudence de concentrer son armée et

> Le 2 septembre : bataille d'Actium.

sa flotte dans le golfe d'Ambracie. Le ravitaillement était difficile et la retraite paraissait impossible. La présence de Cléopâtre irrite les Romains et les défections dans le camp d'Antoine se sont multipliées. Antoine était vaincu avant d'avoir combattu. A la fin de -31, Octave se rend à Samos et à Ephèse. Cléopâtre aurait essayé d'obtenir sa grâce en trahissant Antoine.

-30 ➜ Suicide d'Antoine. 1 Août : prise d'Alexandrie par Octave. Suicide de Cléopâtre - assassinat de Césarion. Réduction de l'Egypte qui est annexée et devient une province romaine - fin de la période héllenistique. Rome perd l'Arménie – les Parthes prennent la Médie. Octave renvoie les vétérans et constitue une nouvelle armée.

-29 ➜ Réorganisation de l'Orient par Octave. Triple triomphe d'Octave : Dalmatie, Actium, Alexandrie. Fermeture des portes du temple de Janus.

-28 ➜ Dédicace du temple d'Apollon sur le Palatin.

-27 ➜ Octave prend le surnom d'Auguste le 16 Janvier. Partage des provinces avec le sénat. « Restauration de la République » - début du Principat.

-19 ➜ Mort de Virgile. Parution de l'*Enéide*.

-17 ➜ Célébration des Jeux Séculaires.

-13 ➜ Construction de l'Ara Pacis (autel de la Paix).

-11 ➜ Construction du théâtre de Marcellus.

-8 ➜ Mort d'Horace.

-2 ➜ Création de la préfecture du Prétoire.

> Les dates suivantes sont ap J.-C.

14 ➜ Tibère succède à Auguste mort à Nola le 19 Août.

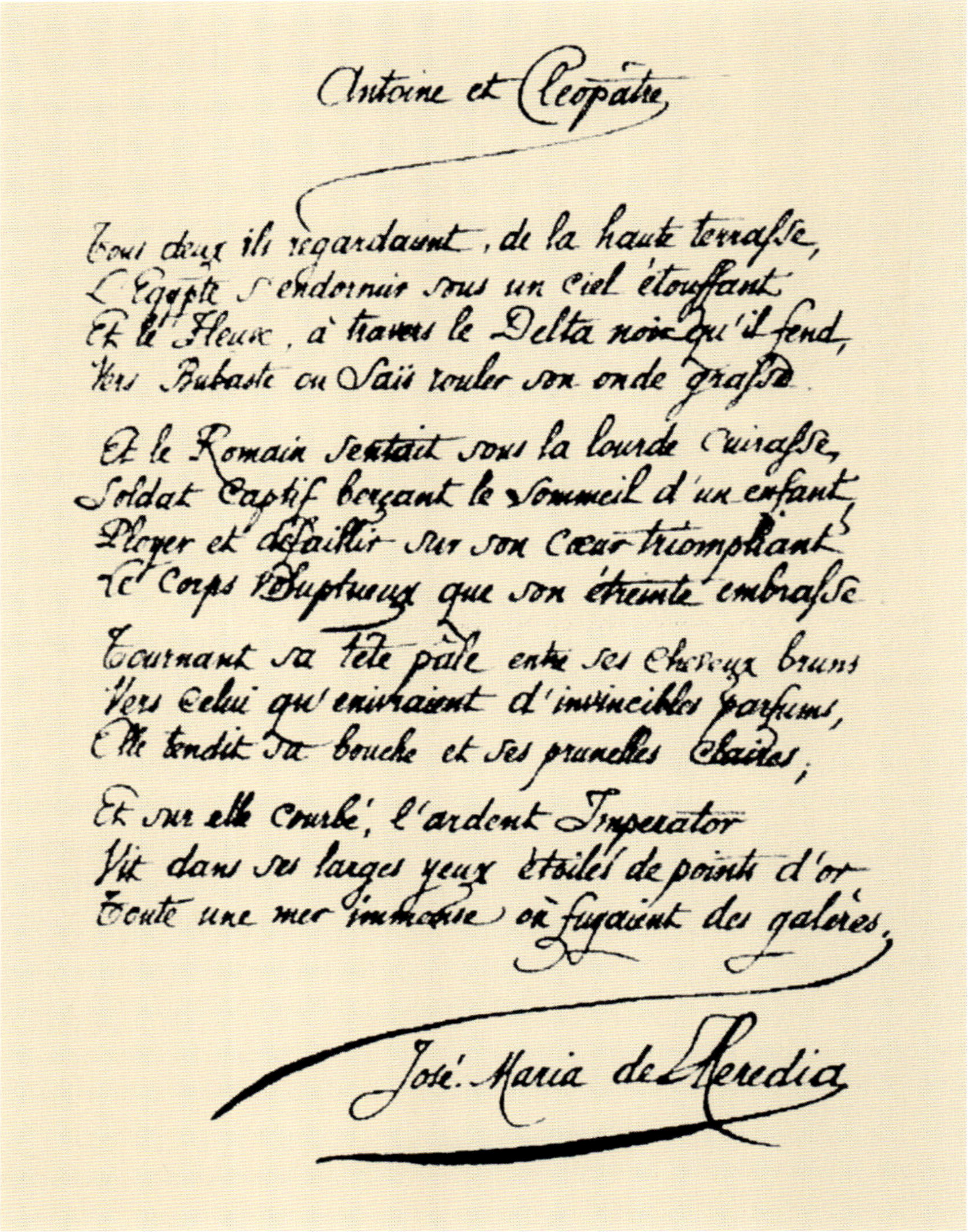

Antoine et Cléopâtre

Tous deux ils regardaient, de la haute terrasse,
L'Égypte s'endormir sous un ciel étouffant
Et le Fleuve, à travers le Delta noir qu'il fend,
Vers Bubaste ou Saïs rouler son onde grasse.

Et le Romain sentait sous la lourde cuirasse,
Soldat captif berçant le sommeil d'un enfant,
Ployer et défaillir sur son cœur triomphant
Le corps voluptueux que son étreinte embrasse.

Tournant sa tête pâle entre ses cheveux bruns
Vers celui qu'enivraient d'invincibles parfums,
Elle tendit sa bouche et ses prunelles claires ;

Et sur elle courbé, l'ardent Imperator
Vit dans ses larges yeux étoilés de points d'or
Toute une mer immense où fuyaient des galères.

José-Maria de Heredia

José-Maria de HEREDIA (1842-1905) - Recueil : Les Trophées

■ **Découvrez prochainement "l'Extraordinaire Aventure d'Alcibiade Didascaux au Moyen Age".**

Plusieurs volumes à paraître !

"IL A REMPORTÉ TOUS LES SUFFRAGES CELUI QUI A SU JOINDRE L'UTILE À L'AGRÉABLE"

Achevé d'imprimer en février 2008 sur les presses des imprimeries DELTA COLOR S.A. - NIMES 30 900
Photogravure réalisée par SERPAL PHOTOGRAVURE - 18-20 Avenue des Arènes 31130 Balma
pour le compte d'ATHENA Editions - 31130 Balma FRANCE Tél. : 05 61 24 60 45 Télécopie : 05 61 24 66 55
Dépôt légal mars 2008 - ISBN : 2-913314-05-8